ORGANIZADORA PRISCILA RAMAZE

EDUCAÇÃO FINANCEIRA

Planejamento, lições práticas e sustentáveis

5.º ANO

ENSINO FUNDAMENTAL

IBEP

1ª edição
São Paulo – 2023

Educação Financeira: Planejamento, Lições Práticas e Sustentáveis
5º ano
© IBEP, 2023

Diretor superintendente	Jorge Yunes
Diretora editorial	Célia de Assis
Assessoria pedagógica	Juliana Silvestre dos Santos, Daniel Martins Papini Mota, Inês Calixto
Edição	RAF Editoria e Serviços, Mizue Jyo, Soraia Willnauer, Marília Pugliese Blanco, Deborah Quintal
Assistência editorial	Daniela Venerando, Isabella Mouzinho e Stephanie Paparella
Revisão	RAF Editoria e Serviços, Yara Afonso
Secretaria editorial e processos	Elza Mizue Hata Fujihara
Assistência de arte	Juliana Freitas
Ilustração	Alexandre Benites
Produção Gráfica Editorial	Marcelo Ribeiro
Projeto gráfico e capa	Aline Benitez
Ilustração da capa	Alexandre Benites
Diagramação	Nany Produções Gráficas

Dados Internacionais de Catalogação na Publicação (CIP) de acordo com ISBD

R166e   Ramaze, Priscila

Educação Financeira: Planejamento, Lições Práticas e Sustentáveis / Priscila Ramaze ; organizado por IBEP - Instituto Brasileiro de Edições Pedagógicas. - São Paulo : IBEP - Instituto Brasileiro de Edições Pedagógicas, 2023.
il. ; 20,5 cm x 27,5 cm. - (Educação Financeira 5º ano)

ISBN: 978-65-5696-480-5 (aluno)
ISBN: 978-65-5696-481-2 (professor)

1. Educação. 2. Ensino fundamental. 3. Educação Financeira. I. IBEP - Instituto Brasileiro de Edições Pedagógicas. II. Título. III. Série.

2023-1215   CDD 372.07
                                                                               CDU 372.4

Elaborado por Vagner Rodolfo da Silva - CRB-8/9410

Índice para catálogo sistemático:
1. Educação - Ensino fundamental: Livro didático 372.07
2. Educação - Ensino fundamental: Livro didático 372.4

Impressão e acabamento - Leograf - Julho de 2025

1ª edição – São Paulo – 2023
Todos os direitos reservados

Rua Gomes de Carvalho, 1306, 11º andar, Vila Olímpia
São Paulo (SP) – 04547-005 – Brasil – Tel.: (11) 2799-7799
www.editoraibep.com.br   editoras@ibep-nacional.com.br

APRESENTAÇÃO

Querido leitor,

Este livro foi escrito para mostrar que educação financeira é um assunto importante para todo mundo e, também, para as crianças. Nesta coleção, você verá diversas situações do cotidiano que envolvem educação financeira. Além disso, você aprenderá como é importante, desde pequeno, ser responsável, ajudar nas tarefas domésticas e participar das decisões sobre o orçamento da família, fazendo a sua parte para economizar e poupar dinheiro. É desse modo que conseguimos realizar nossos sonhos!

Acompanhe as situações apresentadas em cada lição e aproveite a jornada do conhecimento sobre o valor do dinheiro, como lidar com ele, como planejar o dia a dia, como concretizar sonho e muito mais. Aproveite as histórias e essa jornada do conhecimento. Boa leitura e bons estudos!

A autora.

SUMÁRIO

Lição 1 – Uso consciente da água 4

Lição 2 – Sonhos e planejamento financeiro 14

Lição 3 – Sonhos pessoais, emoções e razão 21

Lição 4 – Sonhos coletivos: a união faz a força 27

Ao ver estes ícones, você vai:

- manifestar-se oralmente.
- interagir com a família e com os colegas.

LIÇÃO 1 ››› USO CONSCIENTE DA ÁGUA

💬 **Converse com seus colegas e com o professor sobre a imagem desta página.**

- Quais elementos podem ser observados na imagem acima?
- As imagens têm relação com os gastos de sua família? De que modo?
- Em sua casa, vocês costumam se preocupar com o consumo de água?
- Além de representar diminuição de uma despesa, procurar reduzir o consumo de água tem alguma relação com a preservação do meio ambiente?

A água, as fontes de energia elétrica e o gás são **recursos naturais**, ou seja, elementos retirados da natureza para suprir necessidades humanas. Devem ser consumidos de modo consciente e sem desperdícios, porque, além de em geral serem despesas significativas no orçamento das famílias, seu consumo excessivo causa grandes danos ao meio ambiente.

Rafael e Eliane têm essa consciência e estão preocupados com o consumo de água em sua casa. Por estarem em período de seca, ou seja, de poucas chuvas, os reservatórios de água da região estão com níveis baixos. Por isso, o governo do estado em que moram decretou o **racionamento de água**; assim, em dias e horários planejados, o fornecimento de água das residências é interrompido.

Em um belo dia, os pais veem os três filhos no quintal brincando com água. É verão, e os jovens, Ana e Ricardo, e o caçula, André, gostam de brincar com a mangueira do jardim e com revólveres de água.

Os pais chamam os filhos e explicam por que não podem gastar água daquele modo. Eles contam que o estado em que moram está passando por uma crise hídrica.

ATIVIDADES

1 Alguma vez já faltou água em sua casa? Pergunte para uma pessoa da sua família e escreva no caderno como foi.

2 Que transtornos podem ocorrer se faltar água em uma casa?

3 Na sua cidade já houve racionamento de água?

>>> VOCÊ SABIA?

Crise hídrica ocorre quando a água disponível para o consumo da população, para as atividades econômicas como da indústria e agropecuária e para a geração de energia nas usinas hidrelétricas é insuficiente. Entre as causas estão a ausência de chuvas em determinados períodos, o desmantamento e o consumo excessivo nas casas e empresas. Quando a crise hídrica é muito grave, pode ocorrer o **racionamento de água**, que é a interrupção programada do fornecimento de água por parte do poder público. A crise hídrica pode também provocar falta de energia elétrica, porque, no Brasil, a maior parte dessa energia é gerada em **usinas hidrelétricas**.

A crise hídrica afeta diversos países no mundo. No Brasil, ela costuma acontecer de tempos em tempos, apesar de o país ter grande reservas de água. As fontes de água para uso humano vêm de rios e lagos, que formam reservatórios. As reservas subterrâneas, como os aquíferos, também têm muita importância. Além disso, as águas dos rios, como vimos, são fundamentais para a geração de energia elétrica.

As reservas de água da Terra dependem basicamente de chuvas para se recomporem das perdas que têm pela evaporação e pelo uso dos seres vivos, especialmente o ser humano. Para compreender a dinâmica natural das águas na Terra, veja um infográfico que representa o ciclo da água.

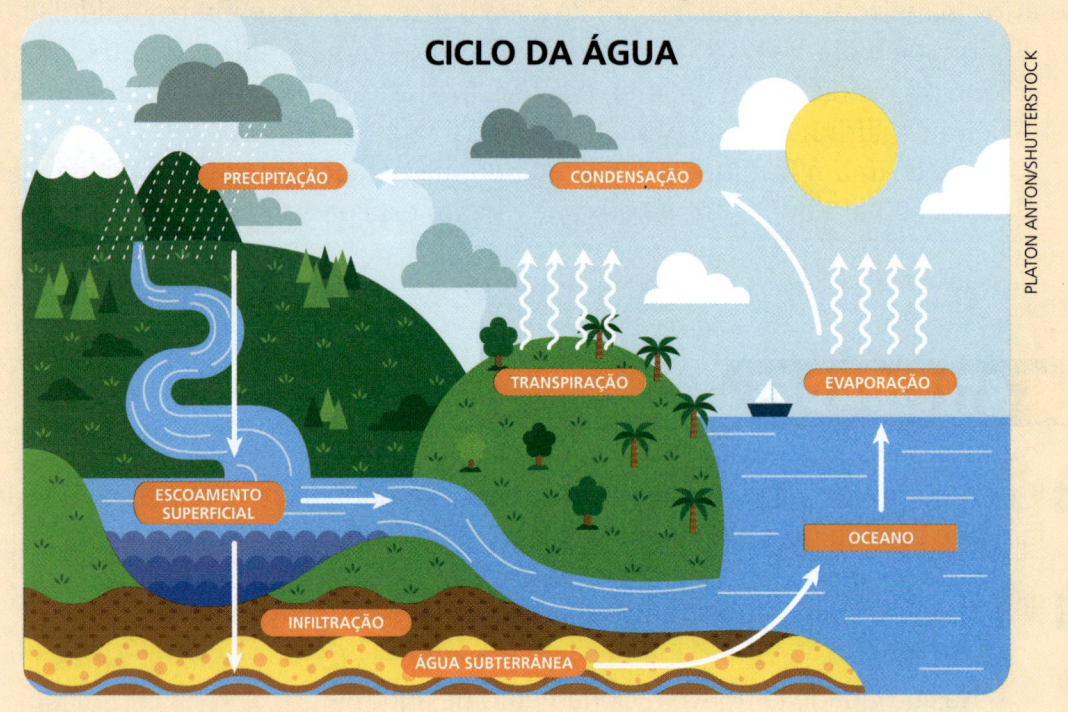

CICLO DA ÁGUA

PLATON ANTON/SHUTTERSTOCK

Recentemente, pesquisadores descobriram que a transpiração das árvores, com a evaporação de água do solo, é muito mais importante no regime de chuvas de um país ou região do que se imaginava. Esse fenômeno é chamado de **evapotranspiração** (transpiração + evaporação).

No Brasil, a evapotranspiração da floresta Amazônica cria grandes nuvens de vapor de água, chamadas de **rios voadores**, que chegam a diversas regiões do país, como a região Sudeste, Centro-Oeste e Sul, afetando grandemente o regime das chuvas dessas regiões.

A crise hídrica, como vimos, pode causar o racionamento de água para a população e os chamados apagões de energia elétrica, quando o fornecimento de energia elétrica é interrompido por causa de níveis de água insuficientes nas represas das usinas hidrelétricas.

Veja uma notícia sobre um caso de racionamento de água na cidade de Bagé, no Rio Grande do Sul, ocorrido no primeiro semestre de 2023.

Bagé pode ter racionamento de água ampliado para 18h diárias
Falta de chuvas em grande quantidade pode levar o Daeb a aumentar em 3h o tempo sem abastecimento
14 de abril de 2023

Foi realizada, na quinta-feira (13), a reunião do Conselho de Situação de Crise para Enfrentamento da Estiagem de Bagé. O grupo, formado por representantes do Governo Municipal e de entidades representativas da cidade, busca debater a situação do abastecimento durante o período de seca enfrentado pela região.

O diretor geral do Departamento de Água, Arroios e Esgoto de Bagé (Daeb), Franco Alves, explanou a crítica situação dos reservatórios e a continuidade de chuvas escassas na região. Em abril, até o momento, foram registrados apenas 11,5 milímetros na Estação de Tratamento de Água, enquanto que a média histórica é 121,6 milímetros. O contingenciamento de água iniciou no mês de janeiro na cidade.

A direção do Daeb anunciou que o racionamento de 15 horas será mantido até o final do mês, entretanto, caso não chova até esta data, poderá ser aumentado. O diretor ainda sugeriu que, a partir do dia 17 de abril, as instituições da cidade avaliem a possibilidade de suspensão de eventos. A Barragem Sanga Rasa está 8,9 metros abaixo do normal, menor nível desde 2012, e a Barragem do Piraí está 5,15 m negativos. "A não realização de eventos neste período é pensada para que haja uma maior economia de água, a fim de garantir o abastecimento para atividades essenciais e prorrogar o máximo possível a ampliação do racionamento para 18 horas", explicou Alves.

O diretor do Departamento ainda ressaltou que este é o momento de todas as entidades, órgãos públicos, instituições de ensino, comércio realizarem um planejamento de como reduzir o seu consumo de água, até mesmo reformulando algumas de suas atividades. O aumento de reserva de água na cidade somente irá quadruplicar com a finalização da Barragem Arvorezinha, que está em construção. A obra já está 40% concluída. A próxima reunião do conselho ficou agendada para o dia 20 de abril.

Bagé pode ter racionamento de água ampliado para 18h diárias. *Jornal Cidades*, 14 abr. 2023. Disponível em: https://www.jornaldocomercio.com/jornal-cidades/2023/04/1102672-bage-pode-ter-racionamento-de-agua-ampliado-para-18h-diarias.html. Aceso em: 3 maio 2023.

4 Quanto tempo estava durando a diminuição do fornecimento de água de Bagé?

_____

5 Por que foi adotado o racionamento de água na cidade?

_____

_____

6 Qual órgão da cidade foi responsável por tomar medidas contra a falta de água?

_____

7 Quem compunha esse órgão?

_____

8 Segundo o diretor geral do Departamento de Água, Arroios e Esgoto de Bagé (Daeb), somente o Governo Municipal devia adotar medidas para diminuir o consumo de água? Explique.

_____

_____

Você sabe como são feitas essas medições da chuva? Observe o objeto ao lado, chamado de **pluviômetro**.

Os pluviômetros são espalhados pelas cidades e coletam água da chuva, que é medida a cada 24 horas em períodos de 30 dias. A medida de volume usada é o milímetro (mm). Cada milímetro de chuva medido no pluviômetro equivale a 1 litro (L) de água de chuva acumulado em um metro quadrado (m²). O metro quadrado é uma medida de área, e 1 m² equivale a uma área quadrada com 1 m de lado.

$$1\,mm = 1L \text{ por } m^2$$

Pluviômetro.

9 Na cidade de Bagé, a média histórica de chuva para o mês de abril é de 121,6 mm. Essa medida equivale a quantos litros de chuva por metro quadrado?

10 Retome no texto a média histórica de chuva para o mês de abril. Quantos litros de chuva caíram por metro quadrado nesse período?

Rafael e Eliane, que moram em uma região onde há racionamento de água, estão explicando aos filhos a importância de economizar água. Eles mostram as principais causas do aumento que vêm acontecendo em períodos de seca, ou seja, de falta de chuvas que pode provocar crises hídricas. Veja duas dessas causas.

Crise climática

A crise climática mundial, que tem provocado secas em todo o mundo, é causada por agressões ao meio ambiente. O desmatamento, por exemplo, principalmente de grandes áreas florestais, diminui drasticamente a evapotranspiração, afetando o regime de chuvas mesmo de regiões distantes dessas florestas.

Evapotranspiração da floresta amazônica, Manaus, Amazonas, 2022.

Desmatamento na floresta amazônica, Floresta Nacional do Jamanxim, Pará, 2020.

Desperdício de água

A média de consumo individual de água no Brasil é de cerca de 180 litros por dia, enquanto a Organização das Nações Unidas (ONU) indica que o consumo diário necessário por dia para uma pessoa é de somente 110 litros. Mas o maior consumo de água no Brasil e no mundo não é de residências, e sim da agropecuária e da indústria. Isso ocorre por falta de planejamento e também por baixo investimento em tecnologias que permitem poupar água. Observe o infográfico.

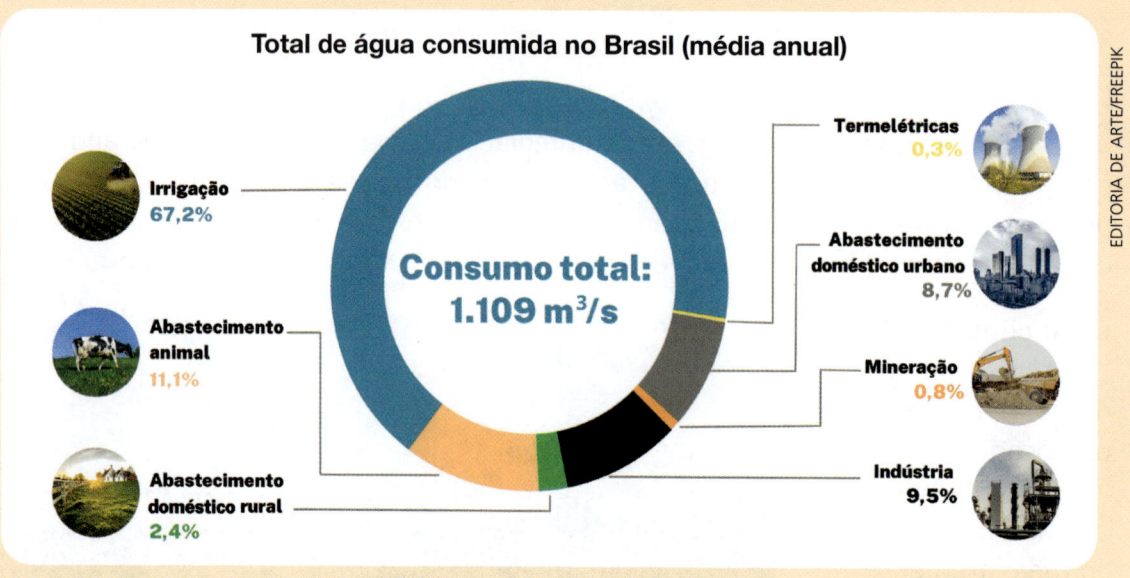

Total de água consumida no Brasil (média anual)

- Irrigação: 67,2%
- Abastecimento animal: 11,1%
- Abastecimento doméstico rural: 2,4%
- Termelétricas: 0,3%
- Abastecimento doméstico urbano: 8,7%
- Mineração: 0,8%
- Indústria: 9,5%

Consumo total: 1.109 m³/s

Fonte: Relatório de 2017 da Agência Nacional das Águas (ANA).

11 No infográfico sobre usos da água no Brasil, o consumo de água doméstica na cidade e no campo é:

○ cerca de $\frac{1}{3}$ do uso de água na agropecuária.

○ cerca de $\frac{1}{5}$ do uso de água na agropecuária.

○ cerca de $\frac{1}{10}$ do u so de água na agropecuária.

>>> VOCÊ SABIA?

No infográfico sobre usos da água no Brasil, você observou que o uso total é de 1 109 metros cúbicos (m³) por segundo. O metro cúbico é uma medida de **capacidade**. Capacidade é o espaço interno de um objeto, e medi-la indica o que "cabe" dentro dele. Há correspondência entre capacidade e volume: 1 metro cúbico equivale a 1 000 litros:

$$1 \text{ m}^3 = 1000 \text{ L}$$

Rafael e Eliane continuaram a conversar com os filhos sobre a importância de economizar água. Eles mostraram aos meninos a conta de água do mês, para explicar como controlam o consumo da família. O consumo nas contas de água é medido em metros cúbicos.

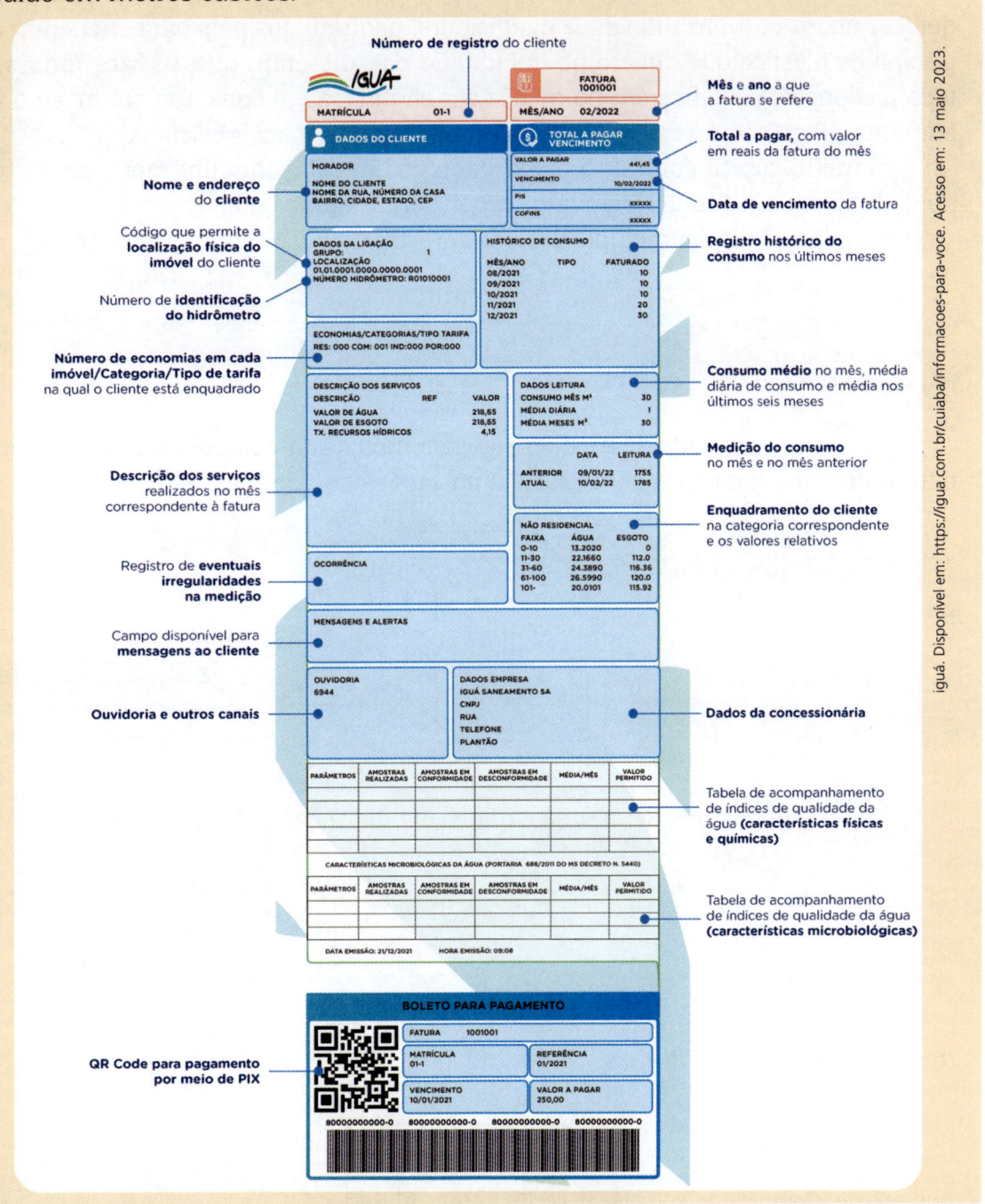

Iguá. Disponível em: https://igua.com.br/cuiaba/informacoes-para-voce. Acesso em: 13 maio 2023.

12 Rafael, Eliane e os três filhos consumiram 23 m³ de água no mês de dezembro e 16 m³ no mês de janeiro. Em janeiro, a família reduziu o consumo de água em quantos litros em relação ao mês de dezembro?

Os filhos de Rafael e Eliane ficaram animados com a economia de água da família e começaram a ajudar. Tomavam banhos mais curtos, fechavam a torneira enquanto escovavam os dentes, entre outras ações.

Mas, depois de uma semana, em um dia muito quente, e depois de achar que já tinham economizado água o suficiente, pediram aos pais para encherem a piscina de plástico que tinham no quintal. Os pais disseram que, se fizessem isso, toda a economia que fizeram no mês ia ser eliminada e o consumo até mesmo ia aumentar. Para comprovar essa previsão, começaram a fazer cálculos.

Um metro cúbico equivale à capacidade de um cubo com um metro de aresta ou de lado, ou seja, equivale ao que "cabe" dentro desse cubo.

Essa capacidade é a multiplicação das arestas do cubo: $1m \times 1m \times 1m = 1m^3$.

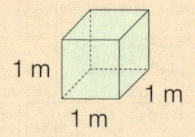

Usar essa capacidade de medida significa medir quantos desses cubos cabem dentro de um objeto. Veja como seria uma capacidade de 8 m³.

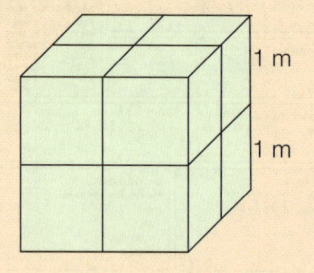

Observe agora como seria uma capacidade de 27 m³.

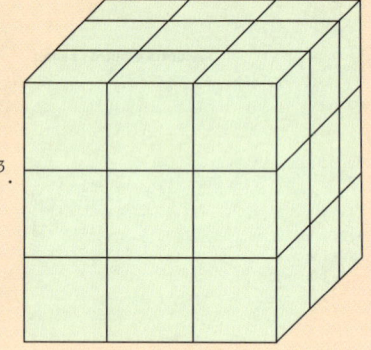

Quando temos de medir a capacidade de um objeto retangular, também multiplicamos o valor de suas arestas. Veja:

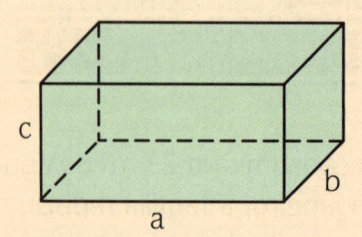

A capacidade desse objeto é: $c \times a \times b$.

Rafael e Eliana queriam mostrar aos filhos quanto iriam gastar de água se enchessem a piscina de plástico da família. Observe as medidas desta piscina.

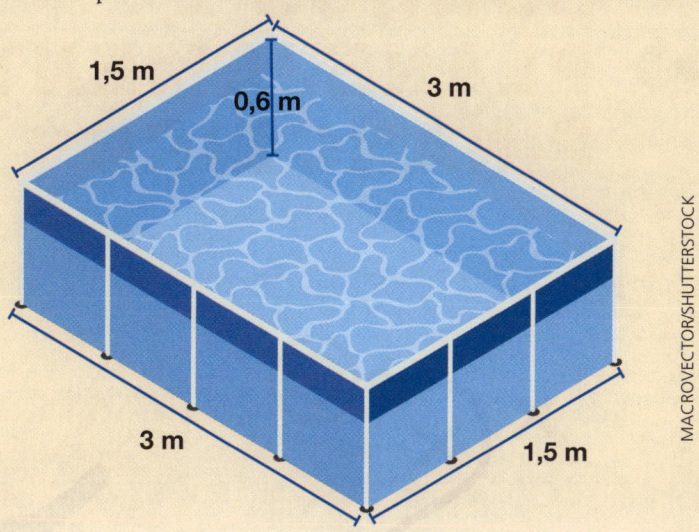

1,5 m   0,6 m   3 m

3 m   1,5 m

13 Calcule a capacidade aproximada dessa piscina e responda: quantos litros de água cabem nela?

_____

14 Imagine que, no mês de fevereiro, a família tivesse economizado os mesmos litros de água que economizou de dezembro para janeiro, ou seja, 700 litros. Mas, no fim do mês, resolveu usar a piscina. O que aconteceria com o consumo de água em relação ao consumo de dezembro?

_____

_____

Nesta lição, você aprendeu a importância de fazer um consumo consciente e planejado da água, não somente para economizar dinheiro, mas também para beneficiar a coletividade, contribuindo para que não haja racionamentos. Percebeu, ainda, que as práticas para reduzir o consumo de água são importantes para preservar o meio ambiente.

Além disso, você entendeu o que é crise hídrica e suas causas e como se calcula o volume das chuvas. Aprendeu também a calcular capacidades, para prever os gastos para encher de água alguns objetos, como piscinas, banheiras etc., cálculos importantes para ter noção de usos excessivos de água em nossas casas, principalmente em tempos de crise hídrica.

LIÇÃO 2
SONHOS E PLANEJAMENTO FINANCEIRO

EAMESBOT/SHUTTERSTOCK

💬 **Converse com seus colegas e com o professor sobre a imagem desta página.**

- Observe a imagem. Para você, o que ela representa?
- O que você sonha fazer no futuro?
- Planejar ajuda a realizar nossos sonhos? De que maneira?

Os sonhos impulsionam as pessoas em seu dia a dia e as incentivam a agir para ir em direção a eles. Para que os sonhos se tornem realidade, eles precisam ser transformados em **metas**. Essas metas podem ser de curto, médio ou longo prazo. Para que sejam realizadas, é necessário que se faça um **planejamento**.

Os objetivos ou metas de **curto prazo** são aqueles pensados para um futuro próximo. Os objetivos ou metas de **médio prazo** são aqueles que levam um pouco mais de tempo para serem realizados, entre dois e cinco anos, e os objetivos de **longo prazo** são as metas pensadas para um tempo maior do que cinco anos.

O planejamento serve para tomar decisões. Ele identifica para onde o dinheiro será destinado ou o quanto custa financeiramente realizar uma determinada meta. Isso facilita, por exemplo, dividir a meta em etapas, para que a meta principal, originada de um sonho, seja realizada em um determinado tempo.

Transformar sonhos em metas é uma habilidade importante para qualquer pessoa, incluindo crianças e adolescentes.

>>> VOCÊ SABIA?

Sonhos são coisas que queremos, coisas que desejamos, mas que não são concretas. **Metas** são sonhos definidos com prazos específicos e planejamento para sua concretização.

Sonho.

Meta.

ATIVIDADES

1 Que tal transformar seus sonhos em realidade? Pense em alguma coisa que você deseja muito e assinale a alternativa que melhor corresponde ao seu sonho.

◯ Meu sonho pode ser realizado em seis meses ou um ano (curto prazo).

◯ Meu sonho pode ser realizado em dois ou três anos (médio prazo).

◯ Meu sonho pode ser realizado em quatro, cinco anos ou mais (longo prazo).

2 Reúna-se em grupo com outros três colegas e conversem sobre o sonho de cada um. Depois, completem o quadro abaixo.

Dono do sonho	Sonhos para realizar ainda neste ano	Sonhos para realizar em dois anos	Sonhos para realizar em três anos

3 Separem os sonhos nas colunas correspondentes de acordo com o que se pede.

Sonhos que precisam de dinheiro para serem realizados	Sonhos que não precisam de dinheiro para ser realizados

4 Agora, cada um vai considerar um dos seus sonhos entre os que custam dinheiro. Faça uma pesquisa de preços do item ou itens de seu sonho que você precisará comprar. Registre as informações no caderno e não se esqueça de incluir as condições de pagamento.

5 De onde virá o dinheiro para pagar seu sonho? Explique.

_____

_____

>>> VOCÊ SABIA?

Um **plano de ação** deve descrever todas as etapas para atingir determinado objetivo. Essas etapas podem incluir o(s) modo(s) de se obter o dinheiro, no caso de metas que precisam desse dinheiro para serem atingidas, pois não é necessário que venha de uma única fonte.

Leia a história em quadrinhos.

> SUA SEMANADA, FILHA!
>
> EBA!!
>
> SEI QUE VOCÊ ESTÁ POUPANDO PARA COMPRAR UM CONDOMÍNIO INTEIRO DE BRINQUEDO PARA AS SUAS BONECAS!
>
> OLHA O MEU COFRINHO COMO ESTÁ CHEIO!
>
> MAS AINDA VOU TER QUE POUPAR POR MAIS UM TEMPO!
>
> SÓ QUE ESTA SEMANADA EU NÃO VOU PODER POUPAR!
>
> TENHO UMA URGÊNCIA PRA RESOLVER!
>
> É... SÓ ESPERO QUE A MÔNICA NÃO DESISTA DO SEU SONHO...
>
> PRONTO!
>
> COMPREI UM COFRINHO MAIOR!

SOUSA, Mauricio de. *Turma da Mônica em Meu bolso feliz*. Disponível em: https://catracalivre.com.br/economize/turma-da-monica-ensina-criancas-a-lidar-com-dinheiro/. Acesso em: 3 maio 2023.

6 Converse com os colegas sobre as questões a seguir.

a) Qual era o sonho da Mônica?

b) Comprar um cofrinho foi seu plano de ação ou uma meta? Explique.

Para que seus sonhos se realizem, é preciso criar um **plano de ação**. Observe o plano criado pelos amigos e vizinhos Carlos e Jéssica. Eles querem fazer um plano de ação para comprar uma televisão e um *videogame* para a brinquedoteca da associação de moradores do bairro onde moram.

Os meninos conversaram com os pais e com os conselheiros da asssociação e chegaram à conclusão de que o melhor era pedir doações em uma plataforma de financiamento coletivo, também chamado, em inglês, de *crowdfunding*. Os doadores potenciais eram os moradores do bairro, por isso divulgaram o projeto na internet, no *site* da associação e em algumas redes sociais referentes ao bairro, como grupos de mensagens instantâneas de moradores da região.

Além disso, resolveram também investir em divulgação porta a porta, por meio de panfletos elaborados no computador. Para imprimir os panfletos, Carlos e Jéssica decidiram dar sua própria contribuição, bancando essa despesa com suas mesadas.

Plano de ação para comprar a TV e *o videogame*
1. Escolher a TV e o *videogame*.
2. Pesquisar os valores.
3. Estabelecer os meios para arrecadar o dinheiro necessário.
4. Arrecadar o dinheiro.
5. Comprar a TV e o *videogame*.

Veja como ficou o planejamento dos amigos quanto ao aspecto financeiro do projeto depois de pesquisarem os preços dos itens, como arrecadar os valores e o tempo necessário para o levantamento das verbas.

Itens	Meios de arrecadação	Prazo	Valores
TV de tela plana	Financiamento coletivo	3 meses	R$ 1.800,00
Videogame	Financiamento coletivo	3 meses	R$ 480,00
Panfletos	Poupança da mesada de Carlos e Jéssica	4 semanas	R$ 90,00
		Total	R$ 2.370,00

7 Carlos e Jéssica recebem, juntos, R$ 30,00 por semana de mesada. Quanto eles terão de poupar por semana, sem ter que abrir mão de todo o dinheiro que recebem semanalmente, para imprimir os panfletos dentro do prazo previsto?

_____

_____

_____

8 Relacione as colunas demonstrando as partes do que Carlos e Jéssica ganham de mesada e sua equivalência.

a) R$ 120,00   ◯ Metade do que ganham em um mês.

b) R$ 60,00   ◯ Total que ganham em um mês.

c) R$ 30,00   ◯ $\frac{3}{4}$ do que ganham em um mês.

d) R$ 90,00   ◯ $\frac{1}{4}$ do que ganham em um mês.

9 Identifique em quais pontos da reta numérica estão localizadas as frações $\frac{1}{4}$ e $\frac{3}{4}$.

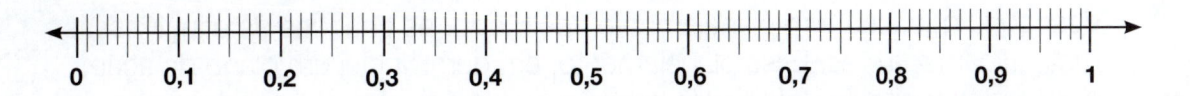

0   0,1   0,2   0,3   0,4   0,5   0,6   0,7   0,8   0,9   1

10 Assinale o gráfico que representa a metade do que Marcelo ganha em um mês.

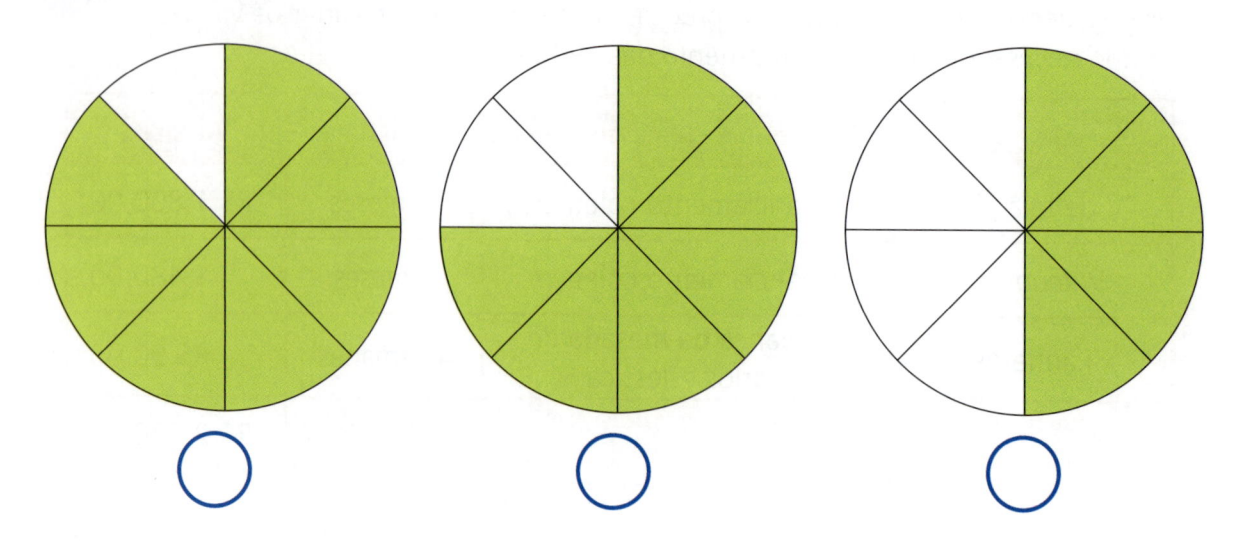

11 Depois de divulgarem o projeto pela internet e em *sites*, os amigos verificaram que conseguiram atingir 350 pessoas, entre os membros das redes sociais e os moradores das casas nas quais entregaram panfletos. Dessas pessoas, 140 aderiram ao projeto na plataforma de financiamento coletivo. Qual é a porcentagem desse público que aderiu ao projeto?

12 Considere os valores de financiamento coletivo do projeto de Jéssica e Carlos e o total de apoiadores que conseguiram por *crowfunding*. Se cada apoiador doar o mesmo valor, qual seria o valor aproximado de cada doação para que o projeto atinja a meta?

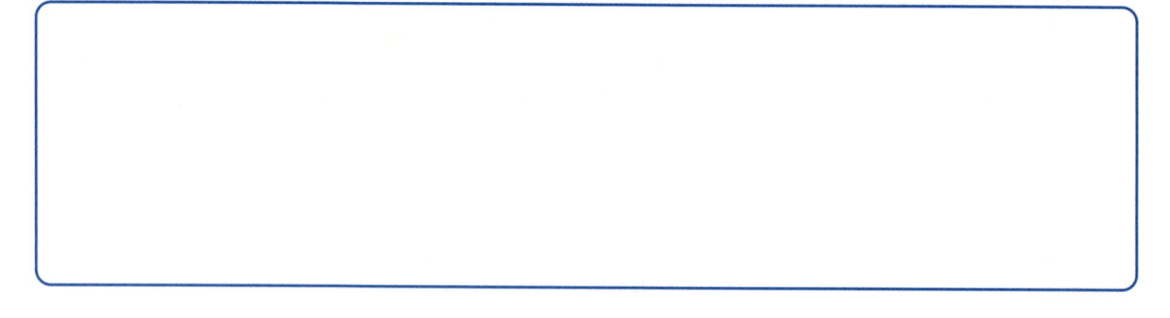

Nesta lição, você aprendeu como podemos fazer dos sonhos uma realidade, transformando-os em metas a serem alcançadas. Além disso, descobriu que, com um planejamento adequado, as chances de atingir essas metas ficam maiores. Esse planejamento, em geral, inclui um plano de ação, com metas menores detalhadas passo a passo.

LIÇÃO 3 >>> SONHOS PESSOAIS, EMOÇÕES E RAZÃO

Converse com seus colegas e com o professor sobre as imagens desta página.

- Para você, o que as imagens representam?
- Descreva cada elemento da imagem. O que eles representam?
- O que há em comum entre os elementos das imagens?

Leia o texto a seguir. Ele trata de uma jovem garota que ousou acreditar no seu sonho.

"Vi ondas de 10 metros", diz velejadora que deu a volta ao mundo aos 16

[...]

Ligia Guimarães

"Se você quer dar a volta ao mundo, vai ter que ficar menos medrosa". A frase dita a si mesma ainda na infância pela australiana Jessica Watson reflete a atitude determinante na história da menina que virou celebridade após dar a volta ao mundo sozinha aos 16 anos velejando em seu iate cor-de-rosa, o *Ella's Pink Lady*.

Watson conclui a volta ao mundo

A proeza teve início em 17 de outubro e terminou no dia 15 de maio deste ano [2010], três dias antes dela completar 17 anos, quando foi recebida por milhares de australianos.

Para tirar o sonho do papel, ela precisou enfrentar seus medos de escuro, de água e tempestade, e ainda superar dificuldades "adultas" – o que, para ela, foi a parte mais difícil: conseguir patrocínio, um barco, suprimentos e, principalmente, capacidade para convencer como velejadora responsável.

"Eu sempre fui uma criança muito medrosa, tinha medo de tudo. Quando eu disse para os meus pais aos 11 anos que queria fazer isso (a viagem), acho que eles não acreditaram", diz Jessica, que hoje viaja o mundo dando palestras sobre a sua experiência [...].

"Dizem que meus pais são loucos por me deixarem fazer isso, mas não são: eu provei para eles que estava pronta antes de partir", afirma. Jessica se interessou por barcos aos oito anos de idade, quando sua mãe matriculou a família em um curso de navegação, mas não se apaixonou pela atividade. "Demorou para eu começar a gostar".

Aos 13, inspirada pelo livro do também australiano Jesse Martin, que conquistara o título de mais jovem navegador a completar a façanha (ele tinha 18 anos), ela decidiu levar o projeto a sério. "Foram dois anos de intenso trabalho e preparo. Não foi fácil conseguir experiência, não era qualquer dono de barco que me deixava velejar", disse. Na fase de testes no mar, ela colidiu contra um enorme cargueiro e recebeu muitas críticas sobre a viabilidade de sua aventura.

Na viagem, passou por muitas tempestades sozinha. "Cheguei a ver ondas de dez metros de altura e ventos de 70 nós", conta. No trajeto de volta à Austrália, enfrentou uma sequência de vendavais e chuvas fortes.

Tornou-se ainda a mais jovem velejadora a dobrar o temido Cabo Horn, ponto que representa um marco de extremo perigo para navegantes de todas as categorias. "Até que peguei um tempo bom lá", diz.

No barco, se comunicava com os pais por internet via satélite, bebia água armazenada da chuva e se alimentava basicamente de enlatados e *cupcakes* que gostava de fazer na cozinha. "Eu não sou boa pescadora. Só consegui pescar um peixe a viagem inteira", brinca Jessica.

De volta à terra firme na Austrália, ela nunca mais encontrou rotina. Escreveu um livro sobre a experiência que já é *best-seller* na Austrália, viaja o mundo dando palestras e conquistou a independência financeira antes mesmo de aprender a dirigir. Além disso, tanto esforço prejudicou o desempenho nos estudos. "Fiquei um pouco para trás, tenho muito o que recuperar agora".

Jessica sorri ao dizer que, no futuro, planeja viagem semelhante. "Claro que faria de novo. Desta vez mais rápido, e com mais destinos programados. Mas definitivamente, eu iria".

GUIMARÃES, Ligia. "Vi ondas de 10 metros", diz velejadora que deu a volta ao mundo aos 16. *G1*, 17 out. 2010. Disponível em: https://g1.globo.com/mundo/noticia/2010/10/vi-ondas-de-10-metros-diz-velejadora-que-deu-volta-ao-mundo-aos-16.html. Acesso em: 3 maio 2023.

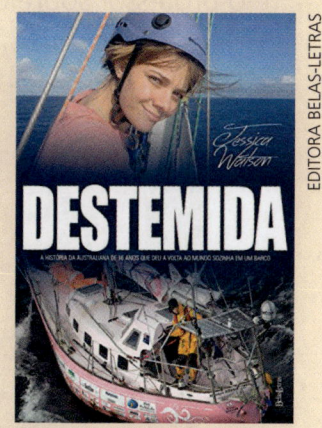

Capa da edição brasileira do livro de Jessica Watson.

ATIVIDADES

1. Imagine deixar a família, escola, amigos e velejar para dar a volta ao mundo sozinho pelos oceanos... Você encararia um desafio como esse? Comente a respeito.

2. O que Jessica precisou fazer para tornar seu sonho realidade?

3. Durante quanto tempo Jessica se preparou para a viagem dos seus sonhos? Copie a parte do texto que comprova isso.

4. Você considera o planejamento uma coisa importante em uma viagem como essa? Explique.

5. Qual foi a atitude determinante de Jessica para realizar sua viagem? Cite trechos do texto que comprovam sua resposta.

6. Qual é a sua opinião a respeito da aventura de Jessica Watson? Converse com os colegas.

7 💬 Observe as imagens, que são reproduções de pinturas de diferentes épocas, lugares e concepções artísticas. Depois, leia as legendas e converse com os colegas e o professor sobre o que elas representam, justificando com aspectos das obras.

ALMEIDA JÚNIOR. *Saudade*, 1899. Óleo sobre tela, 197 cm × 101 cm. PINACOTECA DO ESTADO DE SÃO PAULO (GOOGLE ART PROJECT)

GREUZE, Jean-Baptiste. *Menino com livro de estudos*, 1757. Óleo sobre tela, 62,5 cm × 49,1 cm. NATIONAL GALLERIES OF SCOTLAND (GALERIA NACIONAL DA ESCÓCIA, EDIMBURGO, ESCÓCIA)

SOROLLA, Joaquín. *La jota*, 1914. Óleo sobre tela, 485 cm × 349 cm. SOCIEDADE HISPÂNICA DA AMÉRICA, NOVA YORK, ESTADOS UNIDOS

MUNCH, Edvard. *O grito*, 1893. Tinta óleo e giz pastel sobre cartão, 91 cm × 73,5 cm. GALERIA NACIONAL DE OSLO, NORUEGA (GOOGLE ART PROJECT)

8 💬 Quais aspectos essas pinturas e o texto sobre Jessica Watson têm em comum? Explique.

>>> VOCÊ SABIA?

Emoções são reações imediatas que temos diante de eventos externos e que acontecem sem que seja preciso pensar sobre eles. **Sentimentos** vão surgindo aos poucos, por meio da razão, ou seja, de avaliações que fazemos de acontecimentos e de nossas próprias emoções. Medo, raiva, surpresa, euforia são exemplos de emoções. Saudade, preocupação, compaixão e empatia são exemplos de sentimentos.

Compreender nossas emoções e saber lidar com elas é fundamental para que tenhamos melhor qualidade de vida, para que possamos contribuir para tornar nossas relações sociais saudáveis, cuidando de nós mesmos e dos outros e para que possamos realizar nossos sonhos. No texto sobre Jessica Watson, você compreendeu que ela nunca teria realizado seu sonho se não tivesse identificado seus medos e enfrentado essas emoções.

No dia a dia, é importante também não agirmos por impulso, guiados por emoções, sempre refletindo antes de praticar determinadas ações.

Leia o trecho desta notícia.

Quase 60% dos consumidores realizam compras por impulso
14 de maio de 2018

Seis a cada dez consumidores aproveitaram a oferta de crédito para fazer compras por impulso. Os dados foram divulgados nesta segunda-feira pelo Serviço de Proteção ao Crédito (SPC Brasil) e pela Confederação Nacional de Dirigentes Lojistas (CNDL).

[...]

A pesquisa mostra que muitos consumidores não avaliam totalmente o impacto de uma compra a prazo no orçamento antes de se endividar. Em cada dez brasileiros que parcelam, um (15%) divide a compra no maior número possível de prestações, independentemente do valor. [...]

VEJA. Quase 60% dos consumidores realizam compras por impulso. *Veja/Economia*, 14 maio 2018. Disponível em: https://veja.abril.com.br/economia/quase-60-dos-consumidores-realizam-compras-por-impulso/. Acesso em: 3 maio 2023.

Leia o trecho de outro texto.

As compras por impulso ocorrem a partir de uma tentativa de regular o próprio humor, trazendo emoções agradáveis – como a satisfação por um produto adquirido – para diminuir emoções como a ansiedade, solidão, a tristeza e a frustração. [...]

Como evitar compras por impulso. *Núcleo de-stresse*, 2 jul. 2021. Disponível em: https://www.nucleode-stress.com.br/como-evitar-compras-por-impulso/. Acesso em: 3 maio 2023.

9 Observe o quadro com dados de uma pesquisa que procurou traçar o perfil sobre consumidores que fazem compras por impulso. Essa mesma pesquisa mostrou que a maioria desses consumidores estavam endividados.

% de entrevistadores que concordam com a frase	TOTAL	SEXO		IDADE		
		Fem.	Masc.	18 a 34	35 a 54	55 ou mais
"Compro coisas conforme me sinto no momento"	32,6%	34,4%	30,7%	31,4%	35,0%	30,9%
"Costumo comprar coisas sem pensar"	29,5%	31,5%	27,5%	35,2%	28,6%	21,1%

Fonte: Disponível em: https://www.spcbrasil.org.br/uploads/st_imprensa/analise_os_influenciadores_das_compras_por_impulso.pdf. Acesso em: 17 maio 2023.

- Gráficos de colunas permitem visualizar mais rapidamente esses dados. Faça dois gráficos de colunas para representar os resultados da pesquisa. Um gráfico deve representar os consumidores que fazem compras conforme se sentem no momento e outro deve representar os que compram sem pensar. Depois, resuma essas informações em um pequeno texto.

10 Para refletir sobre as emoções da turma, siga com os colegas as orientações abaixo.

   a) O professor vai distribuir para você e os colegas um questionário em que serão registradas as emoções que cada um mais costuma sentir.

   b) Depois de preenchidos os questionários, consolidem os dados e depois os representem em um gráfico de *pizza*. Veja o exemplo ao lado.

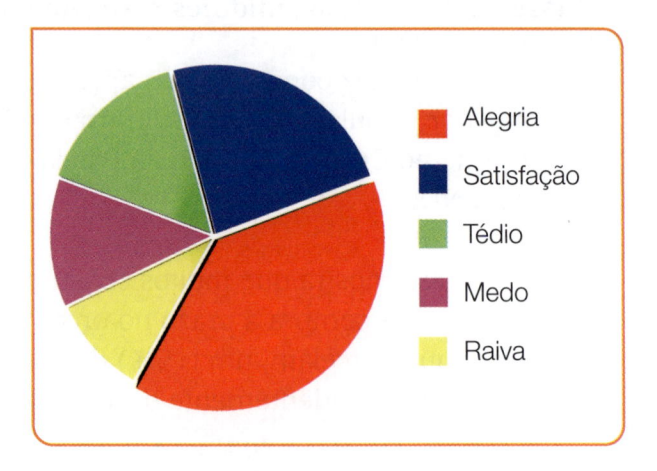

   c) No final da atividade, em uma roda de conversa, falem sobre as emoções negativas mais citadas pela turma. Será que é possível transformá-las em sentimentos positivos? Por exemplo, quando sentimos raiva de alguém, seria possível transformá-la em empatia, se procurarmos entender as razões da outra pessoa?

Nesta lição, você explorou os sonhos pessoais e conheceu o caso de uma adolescente que venceu muitos desafios para realizar o próprio sonho, por meio de planejamento e enfretamento de seus medos. Além disso, conheceu emoções como medo e sentimentos como saudade.

LIÇÃO 4

SONHOS COLETIVOS: A UNIÃO FAZ A FORÇA

ROBERT KNESCHKE/SHUTTERSTOCK

💬 **Converse com seus colegas e com o professor sobre a imagem desta página.**

- Observe a imagem. O que ela retrata?
- Para você, a ação retratada na imagem foi algo que aconteceu espontaneamente ou houve um planejamento antes de ela acontecer? Justifique.
- O que pode ter motivado essas pessoas a realizarem essa ação?

27

Sonhos coletivos são sonhos compartilhados por diversas pessoas. Alguns desses sonhos podem mobilizar ou sensibilizar uma comunidade ou até amplos setores da sociedade e até de um país.

ATIVIDADES

1 Leia a tirinha com o personagem Armandinho.

CADA UM POR SI?..
...OU UM POR TODOS E TODOS POR UM?
COMPETIR?..
...OU COLABORAR?
SOLITÁRIOS?..
...OU SOLIDÁRIOS?
EU?..
...OU NÓS?

ALEXANDRE BECK

BECK, Alexandre. *Armandinho*. Disponível em: https://tirasarmandinho.tumblr.com/post/159507579324/tirinha-original. Acesso em: 3 maio 2023.

Armandinho e sua amiga falam sobre pensamentos e atitudes opostas que podemos ter em nosso cotidiano. Com qual ponto de vista você se identifica mais: o que Armandinho expressa ou aquele que sua amiga representa? Justifique.

2 Leia a seguir um trecho de uma letra de canção.

Sonho que se sonha só
é só um sonho que se sonha só.
Sonho que se sonha junto é realidade.

Prelúdio. Compositor: Raul Seixas. In: *Gita*. Intérprete: Raul Seixas. Rio de Janeiro: Philips Records, 1974. 1 disco vinil, lado B, faixa 4 (1 min 12 s).

a) Para você, o que esses versos querem dizer?

_____

_____

b) Leia para a turma sua interpretação do trecho da canção e converse com os colegas sobre o ponto de vista de cada um.

28

Leia o texto sobre uma campanha nacional contra a fome no Brasil.

Pacto pelos 15% com Fome começa a receber doações para entidades que atuam no combate à fome

Fundação Oswaldo Cruz
15 de julho de 2022

E se cada um de nós estiver disposto a fazer a diferença na vida de quem, hoje, não tem o que comer? Essa é a proposta do Pacto pelos 15% com Fome, uma rede nacional de solidariedade, idealizada pela Ação da Cidadania […], que vai promover uma grande aliança entre entidades da sociedade civil e empresas, grupos de mídia, agências de comunicação e publicidade, pessoas físicas, artistas e influenciadores, para atuarem na linha de frente no combate à fome e às desigualdades sociais. A campanha, que começa nesta sexta-feira (15/7), tem como objetivo viabilizar doações diretamente para as instituições do Pacto e cadastrar voluntários na luta contra a insegurança alimentar. O país tem hoje 33,1 milhões de pessoas vivendo com fome, ou seja, 15% dos brasileiros não têm o que comer. A Fiocruz apoia a iniciativa.

O Pacto também é uma oportunidade para que a sociedade conheça e se torne parceira e apoiadora das iniciativas promovidas pelas organizações mapeadas no *site*. Essa contribuição pode ser realizada através da doação específica nos canais de captação *on-line*, divulgação das ações nas redes sociais e voluntariado. Afinal, todo mundo tem 15 de alguma coisa para doar, sejam 15 centavos, 15 reais, 15 segundos, minutos ou porcentagem de vendas. Para 15% dos brasileiros, esta é a única esperança.

"São 14 milhões de novas pessoas sem acesso à alimentação em pouco mais de um ano. Quem planta não tem o que comer, quem ganha um salário mínimo, também não. A fome é inaceitável. Casas chefiadas por mulheres, com crianças pequenas, famílias pretas e pardas, são as mais afetadas. A sociedade precisa firmar esse pacto na luta contra a fome", explica o diretor-executivo da Ação da Cidadania, Rodrigo Kiko Afonso, que faz um chamamento à população: "É hora de ação e de cidadania. Agora é com a gente", reforça. […]

AGÊNCIA FIOCRUZ DE NOTÍCIAS. Pacto pelos 15% com Fome começa a receber doações para entidades que atuam no combate à fome. Fundação Oswaldo Cruz (Fiocruz), 15 jul. 2022. Disponível em: https://agencia.fiocruz.br/pacto-pelos-15-com-fome-comeca-receber-doacoes-para-entidades-que-atuam-no-combate-fome. Acesso em: 9 maio 2023.

3 Resuma o que é o Pacto pelos 15% com Fome.

_____

_____

_____

4 Quem pode participar do Pacto pelos 15% com Fome?

_____

_____

5 Segundo o texto, em pouco mais de um ano, aumentou em 14 milhões o número de pessoas que ficaram sem acesso à alimentação.

a) Usando outros dados do texto, qual é a porcentagem aproximada de novas pessoas que entrou em insegurança alimentar no período em questão, de pouco mais de um ano?

_____

_____

b) Quando isso aconteceu?

_____

_____

c) Considerando este período, você acha que a taxa de aumento de insegurança alimentar na população brasileira é alta ou baixa?

_____

d) Se essa taxa se mantivesse estável e não houvesse nenhum recurso para que as pessoas saíssem da insegurança alimentar, nem programas como o Pacto pelos 15%, nem programas de governo, nem novos empregos, quanto tempo demoraria, a partir de 2022, para que o total da população brasileira estivesse passando fome? Faça os cálculos no caderno.

e) 💬 Será que a inclusão de 14 milhões da população brasileira na insegurança alimentar nesse período está dentro da taxa média no Brasil? Ou terá havido algum acontecimento extraordinário? Faça uma pesquisa para descobrir e apresente os resultados para a turma.

6 De acordo com o texto, todo mundo tem 15 de alguma coisa para doar. Você teria 15 de quê para doar? Converse com os colegas.

7 Que tal descobrir os sonhos coletivos da turma e ajudá-los a se viabilizarem, transformando-os em planos e divulgando-os em um *podcast*? Sigam as orientações a seguir.

Discussão e planejamento

- Primeiro, organizem uma discussão oral para saber o que os colegas gostariam de fazer que beneficiasse toda a escola.
- Escolham um aluno para ser o relator da discussão. Ele vai anotar os pontos principais a serem discutidos e as conclusões a que chegaram.
- O professor vai mediar a conversa.
- Cada aluno deve expor suas ideias. Vejam algumas ideias possíveis, por exemplo:
  - organização de um espaço para que os alunos se expressem artisticamente, com paredes forradas com papelão para grafites, espaço para *slam* ou declamação de poesia, ensaios de teatro etc.;
  - organização de uma feira periódica de trocas de livros e outros objetos, que poderá ser associada a um clube do livro;
  - criação de horta comunitária, para que os alunos aprendam a cuidar da terra, a entender melhor a natureza e para abastecer a escola.
- Escolham três sonhos para serem transformados em plano de ação.
- Dividam-se em três grupos para elaborarem o plano de ação.
- Estabeleçam as metas, as etapas, o orçamento e as fontes de financiamento.

ANUJ ENTREPRENEUR/SHUTTERSTOCK

Divulgação em *podcast*

Uma boa divulgação é fundamental para concretizar sonhos coletivos. À medida que os projetos começarem a ser postos em prática, produzam um *podcast* para cada um, divulgando detalhes, objetivos e como o pessoal da escola poderá colaborar. Para produzir os *podcasts*, dividam-se em três grupos, cada um encarregado de um *podcast*, e observem as orientações seguintes.

- Definam a locução do projeto, ou seja, quem vai explicá-lo: haverá somente um ou serão mais locutores?
- Pensem na sonoplastia: será usada alguma música? Haverá efeitos sonoros?
- Depois de pensar em todas essas questões, elaborem um roteiro para cada *podcast*.
- Definam os papéis de cada integrante do grupo: quem vai gravar o áudio e quem vai fazer a locução etc.
- Para a gravação do áudio, vocês podem utilizar aparelhos celulares ou outros dispositivos, de acordo com a orientação do professor.
- Para os efeitos sonoros, podem ser improvisados instrumentos que estejam disponíveis, como cestos de lixo, réguas etc.
- Revejam as peças da propaganda, assinalando o que ficou bom e o que pode ser melhorado.
- De acordo com as orientações do professor, vocês podem optar por editar os materiais, usando, por exemplo, aplicativos.
- Definam onde vão veicular o *podcast*. Pode ser no *site* da escola, em redes sociais de turmas da escola, entre outras possibilidades.

Nesta lição, você compreendeu a força dos sonhos coletivos, quando várias pessoas se unem para concretizá-los.

Conheceu também um projeto ambicioso de combate à fome no Brasil, que uniu as mais diferentes pessoas, empresas e entidades da sociedade civil.

Além disso, experimentou com seus colegas a criação de projetos para beneficiar sua escola e planejaram sua divulgação em *podcasts*.

Agora, é nunca parar de sonhar e colocar mãos à obra!